Boostez vos revenus Airbnb

45 stratégies concrètes pour maximiser votre chiffre d'affaires

Par

Théo Labranche

Table des matières :

INTRODUCTION

Optimisez votre tarification

   1. Utilisez la tarification intelligente d'Airbnb

   2. Ajustez manuellement vos prix pour les périodes de forte demande

   3. Proposez des réductions pour les séjours prolongés

   4. Créez des offres spéciales pour les périodes creuses

   5. Fixez des prix de base compétitifs

Augmentez votre taux d'occupation

   6. Activez les réservations instantanées

   7. Ajustez vos paramètres de durée minimale de séjour

   8. Améliorez votre taux et votre temps de réponse

   9. Mettez à jour régulièrement votre calendrier de disponibilité

   10. Obtenez le badge "Adapté aux voyages d'affaires"

Maximisez l'attrait de votre annonce

   11. Optimisez votre titre et votre description

   12. Mettez en avant des équipements recherchés

13. Utilisez des photos de haute qualité

14. Complétez intégralement votre profil d'hôte

15. Obtenez et maintenez le statut de Superhost

Améliorez l'expérience des voyageurs

16. Créez un guide du logement détaillé

17. Offrez des recommandations locales personnalisées

18. Assurez une propreté irréprochable

19. Communiquez efficacement avant, pendant et après le séjour

20. Allez au-delà des attentes avec de petites attentions

Gérez efficacement vos revenus

21. Optimisez vos frais de ménage

22. Proposez des services supplémentaires autorisés par Airbnb

23. Utilisez judicieusement les règles d'annulation

24. Comprenez et optimisez les frais Airbnb

25. Suivez de près vos performances financières

Maximisez votre visibilité sur la plateforme

26. Optimisez pour les filtres de recherche populaires

27. Visez une note globale élevée

28. Encouragez les avis positifs

29. Répondez professionnellement à tous

les avis

30. Participez au programme Airbnb Plus (si éligible)

Optimisez vos opérations

31. Utilisez le calendrier et les outils de messagerie Airbnb

32. Créez des messages d'accueil et de départ automatisés

33. Mettez en place un système de nettoyage efficace

34. Effectuez une maintenance préventive régulière

35. Utilisez des outils de gestion compatibles avec Airbnb

Analysez et améliorez vos performances

36. Utilisez les statistiques fournies par Airbnb

37. Comparez vos performances à celles de logements similaires

38. Analysez les tendances saisonnières de votre marché

39. Sollicitez et utilisez les retours des voyageurs

40. Adaptez continuellement votre stratégie

Restez à jour et innovez

41. Suivez les mises à jour et nouvelles fonctionnalités d'Airbnb

42. Adaptez-vous aux nouvelles tendances de voyage

43. Mettez en avant vos pratiques de nettoyage renforcées

44. Considérez la création d'expériences Airbnb liées à votre logement

45. Explorez les options pour les séjours de longue durée

CONCLUSION

Copyright © 2024

Tous droits réservés.

Tous droits de reproduction, d'adaptation et de traduction, intégrale ou partielle réservés pour tous pays. L'auteur est seul propriétaire des droits et responsable du contenu de ce livre.

Le Code de la propriété intellectuelle interdit les copies ou reproductions destinées à une utilisation collective. Toute représentation ou reproduction intégrale ou partielle faite par quelque procédé que ce soit, sans le consentement de l'auteur ou de ses ayant droit ou ayant cause, est illicite et constitue une contrefaçon, aux termes des articles L.335-2 et suivants du Code de la propriété intellectuelle.

INTRODUCTION

Le succès d'une location Airbnb ne se mesure pas seulement au nombre de réservations que vous recevez, mais à la manière dont vous maximisez chaque opportunité pour en tirer le meilleur revenu possible. Dans un marché de plus en plus concurrentiel, où les voyageurs sont exigeants et les choix nombreux, il est essentiel de se démarquer. Pourtant, pour de nombreux hôtes, augmenter leurs revenus semble souvent hors de portée, limité par des facteurs qu'ils estiment incontrôlables : la saisonnalité, la localisation, ou encore les algorithmes de la plateforme.

Ce livre a été conçu pour changer cette perspective. Nous allons ensemble explorer 45 stratégies concrètes, éprouvées et directement applicables, qui vous permettront de booster vos revenus Airbnb de manière significative. Que vous soyez un hôte débutant cherchant à maximiser ses premiers gains ou un Superhost expérimenté en quête de nouvelles optimisations, ces techniques vous donneront l'avantage nécessaire pour transformer votre propriété en une véritable machine à générer des revenus.

En partant des fondamentaux – comme l'optimisation de la tarification et l'amélioration de votre taux d'occupation – nous aborderons aussi des stratégies plus avancées, telles que l'optimisation de votre visibilité sur la plateforme, la gestion efficace de vos opérations quotidiennes, et l'analyse approfondie de vos performances. Chaque chapitre est conçu pour vous guider pas à pas, vous fournissant des outils pratiques et des conseils d'experts pour chaque aspect de votre activité.

L'objectif est simple : vous permettre d'obtenir plus de réservations, d'augmenter votre chiffre d'affaires par réservation, et d'assurer une expérience de séjour inoubliable pour vos voyageurs – tout en minimisant les efforts et en optimisant votre temps. En fin de compte, votre succès sur Airbnb ne sera pas laissé au hasard, mais sera le résultat d'une stratégie réfléchie et mise en œuvre avec rigueur.

Préparez-vous à découvrir des techniques qui feront toute la différence. Que vous souhaitiez augmenter votre taux d'occupation, améliorer votre classement dans les résultats de recherche, ou simplement offrir une meilleure expérience à vos voyageurs, ce livre vous donnera les clés pour réussir.

Le voyage commence maintenant. Il est temps de transformer votre propriété en un atout financier véritablement rentable.

Optimisez votre tarification

La tarification est l'un des leviers les plus puissants pour maximiser vos revenus sur Airbnb. Une stratégie de tarification bien pensée permet non seulement d'augmenter vos revenus, mais aussi d'améliorer votre taux d'occupation et de vous positionner avantageusement par rapport à la concurrence. Dans ce chapitre, nous allons explorer plusieurs techniques concrètes pour optimiser vos prix, en utilisant les outils fournis par Airbnb et en adoptant des stratégies manuelles pour tirer le meilleur parti de chaque réservation.

1. Utilisez la tarification intelligente d'Airbnb

Airbnb propose un outil de tarification intelligente qui ajuste automatiquement vos prix en fonction de divers facteurs tels que la demande locale, les événements à proximité, les tendances saisonnières et les prix pratiqués par les autres hôtes dans votre région. Cet outil est un bon point de départ pour les hôtes qui n'ont pas le temps de surveiller constamment le marché.

Cependant, il est essentiel de ne pas se reposer uniquement sur cet outil. La tarification intelligente peut parfois sous-évaluer ou surévaluer vos nuits, surtout si des événements spécifiques ou des particularités locales ne sont pas correctement pris en compte. Par exemple, lors d'un festival local, la tarification intelligente pourrait ne pas refléter l'augmentation de la demande. Il est donc recommandé d'utiliser cet outil comme base, puis de l'ajuster manuellement pour maximiser vos revenus.

Exemple : Un hôte à Lyon a remarqué que la tarification intelligente ne prenait pas en compte les jours où des congrès internationaux se tenaient dans sa ville. En ajustant manuellement ses prix pour ces dates, il a réussi à doubler son revenu sur ces périodes.

2. Ajustez manuellement vos prix pour les périodes de forte demande

La demande fluctue en fonction de la saison, des événements locaux, et même des jours de la semaine. Pour maximiser vos revenus, il est crucial d'ajuster manuellement vos prix en fonction de ces variations. Par exemple, si vous savez qu'un grand événement sportif ou un festival est prévu dans votre région, vous pouvez augmenter vos tarifs pour ces dates spécifiques.

N'hésitez pas à surveiller les calendriers d'événements locaux et à planifier vos ajustements de prix plusieurs mois à l'avance. Cela vous permet de capitaliser sur les périodes de forte demande sans avoir à réagir à la dernière minute.

Exemple : Un hôte à Nantes a constaté que pendant le festival de musique annuel, les hôtels étaient complets des mois à l'avance. En augmentant ses tarifs dès qu'il a eu connaissance de l'événement, il a non seulement augmenté ses revenus, mais il a également sécurisé des réservations bien en amont.

3. Proposez des réductions pour les séjours prolongés

Les séjours prolongés offrent de nombreux avantages pour les hôtes : moins de turnover, des coûts de nettoyage réduits, et un revenu plus stable. Pour attirer ce type de réservations, il peut être judicieux de proposer des réductions pour les séjours de longue durée, comme une semaine ou un mois.

Ces réductions peuvent encourager les voyageurs à choisir votre logement pour une durée plus longue, vous garantissant ainsi un taux d'occupation plus élevé. Par ailleurs, les voyageurs sont souvent enclins à réserver des séjours prolongés si cela leur permet de réaliser des économies par rapport à une réservation nuitée standard.

Exemple : Un hôte à Deauville propose une réduction de 15 % pour les séjours de plus de 7 jours et de 25 % pour les séjours de plus de 28 jours. Cette stratégie lui permet de remplir son calendrier pendant les périodes creuses, tout en fidélisant des clients qui reviennent chaque année pour de longs séjours.

4. Créez des offres spéciales pour les périodes creuses

Les périodes creuses, comme la basse saison ou les jours de la semaine moins populaires, peuvent rendre difficile le maintien d'un taux d'occupation élevé. Pour pallier cela, créez des offres spéciales qui inciteront les voyageurs à réserver même en dehors des périodes de pointe.

Ces offres peuvent prendre la forme de réductions, de nuits gratuites après un certain nombre de nuits réservées, ou d'avantages supplémentaires comme un petit-déjeuner offert ou un check-out tardif gratuit. L'idée est d'ajouter de la valeur perçue pour compenser la faible demande.

Exemple : Un hôte en Bretagne offre une troisième nuit gratuite pour toute réservation en milieu de semaine pendant l'hiver. Cette offre l'aide à attirer des voyageurs qui, autrement, n'auraient pas envisagé de réserver en semaine.

5. Fixez des prix de base compétitifs

La fixation de vos prix de base est l'une des décisions les plus importantes que vous prendrez en tant qu'hôte Airbnb. Vos tarifs doivent être compétitifs par rapport à d'autres logements similaires dans votre région, tout en reflétant la valeur unique que vous offrez.

Commencez par analyser les prix des concurrents pour des logements comparables dans votre quartier. Utilisez des outils comme Airbnb ou des plateformes tierces pour suivre les prix et comprendre où se situe votre offre. Vos prix de base doivent être suffisamment attractifs pour générer des réservations régulières, mais aussi suffisamment élevés pour ne pas sous-évaluer votre propriété.

Exemple : Un hôte à Toulouse a remarqué que ses concurrents directs proposaient des prix légèrement inférieurs. Pour se différencier, il a fixé un prix de base compétitif tout en mettant en avant des services supplémentaires comme un service de conciergerie, ce qui lui a permis de justifier un tarif légèrement plus élevé tout en maintenant un taux d'occupation élevé.

En optimisant votre tarification, vous ne vous contentez pas de remplir votre calendrier ; vous maximisez chaque réservation pour en tirer le meilleur parti financier. En combinant la tarification intelligente d'Airbnb avec des ajustements manuels stratégiques et des offres ciblées, vous pouvez transformer votre activité en une source de revenus plus prévisible et plus rentable.

Augmentez votre taux d'occupation

L'un des défis majeurs pour les hôtes Airbnb est de maintenir un taux d'occupation élevé tout au long de l'année. Un taux d'occupation optimal signifie non seulement plus de revenus, mais aussi une meilleure visibilité sur la plateforme, ce qui se traduit par encore plus de réservations. Ce chapitre vous guide à travers plusieurs stratégies concrètes pour maximiser votre taux d'occupation, allant de l'activation des réservations instantanées à l'obtention du badge "Adapté aux voyages d'affaires."

6. Activez les réservations instantanées

La réservation instantanée est un outil puissant pour attirer un plus grand nombre de voyageurs. En activant cette option, vous permettez aux utilisateurs de réserver immédiatement votre logement sans attendre votre approbation. Cela simplifie le processus de réservation et rend votre annonce plus attrayante pour les voyageurs qui cherchent à sécuriser un logement rapidement, en particulier ceux qui réservent à la dernière minute.

Il est important de noter que vous pouvez toujours définir des critères pour les réservations instantanées, comme exiger que les voyageurs aient un profil vérifié ou des avis positifs. Ces filtres vous aident à maintenir un niveau de sécurité tout en augmentant vos chances de remplir votre calendrier.

Exemple : Un hôte à Bordeaux a activé les réservations instantanées et a constaté une augmentation de 20 % de son taux d'occupation, en particulier pour les réservations de dernière minute. Les voyageurs ont apprécié la simplicité du processus, ce qui a entraîné une augmentation des commentaires positifs.

7. Ajustez vos paramètres de durée minimale de séjour

La durée minimale de séjour est un autre paramètre clé qui influence votre taux d'occupation. Si vous imposez des séjours minimums trop longs, vous risquez de passer à côté de voyageurs qui recherchent des séjours plus courts, comme un week-end ou une nuitée.

Il est souvent bénéfique de rester flexible avec la durée minimale de séjour, surtout en basse saison ou pour combler des trous dans votre calendrier. Par exemple, vous pouvez fixer une durée minimale de deux ou trois nuits pendant la haute saison, puis la réduire à une nuit pendant la basse saison. De même, si vous avez des nuits isolées entre deux réservations, offrir ces dates avec une durée minimale réduite peut vous aider à remplir ces jours vides.

Exemple : Un hôte à Caen a initialement imposé un séjour minimum de trois nuits, mais après avoir constaté des créneaux vides dans son calendrier, il a réduit ce minimum à une nuit en semaine. Cela lui a permis de combler ces créneaux et d'améliorer son taux d'occupation global de 15 %.

8. Améliorez votre taux et votre temps de réponse

Un taux de réponse élevé, associé à un temps de réponse rapide, est crucial pour maximiser votre taux d'occupation. Les voyageurs préfèrent réserver avec des hôtes réactifs, car cela leur donne confiance dans la qualité de leur séjour et dans la fiabilité de l'hôte. Airbnb valorise également les hôtes qui répondent rapidement en les classant plus haut dans les résultats de recherche.

Pour améliorer votre taux de réponse, il est essentiel de répondre à chaque message dans les plus brefs délais, idéalement en moins d'une heure. Utilisez l'application Airbnb pour recevoir des notifications instantanées, et envisagez de préparer des réponses automatiques pour les questions fréquemment posées.

Exemple : Un hôte à Marseille a mis en place des réponses automatiques pour les questions courantes, comme la disponibilité du parking ou la politique d'annulation. Grâce à ces automatisations, il a pu maintenir un temps de réponse moyen inférieur à 15 minutes, ce qui a considérablement amélioré ses réservations.

9. Mettez à jour régulièrement votre calendrier de disponibilité

Un calendrier à jour est un signal fort pour les voyageurs que votre annonce est active et prête à recevoir des réservations. En mettant à jour régulièrement votre calendrier, même si vos disponibilités n'ont pas changé, vous montrez à l'algorithme d'Airbnb que vous êtes un hôte impliqué. Cela peut vous aider à obtenir un meilleur classement dans les résultats de recherche.

Pensez à synchroniser votre calendrier avec d'autres plateformes de réservation si vous utilisez plusieurs canaux pour éviter les doubles réservations et assurer une disponibilité cohérente partout.

Exemple : Un hôte à Bruxelles met à jour son calendrier chaque semaine, même s'il n'y a pas de changement dans ses disponibilités. Cette pratique lui a permis de rester visible sur Airbnb, en particulier lors de périodes de faible demande, où chaque mise à jour de calendrier aide à maintenir son annonce en haut des résultats.

10. Obtenez le badge "Adapté aux voyages d'affaires"

Le badge "Adapté aux voyages d'affaires" est un atout précieux pour attirer une clientèle professionnelle, souvent en quête de séjours en semaine et prêts à payer pour des services de qualité. Pour obtenir ce badge, votre logement doit répondre à certains critères comme un espace de travail dédié, une connexion Wi-Fi rapide, et un enregistrement flexible.

Une fois que vous obtenez ce badge, votre annonce sera mise en avant dans les recherches spécifiques aux voyages d'affaires, ce qui peut augmenter significativement votre taux d'occupation, surtout en dehors des périodes touristiques traditionnelles.

Exemple : Un hôte à Genève a transformé une chambre d'amis en un espace de travail avec un bureau, une chaise ergonomique, et une lampe de bureau. Grâce à ces améliorations, il a obtenu le badge "Adapté aux voyages d'affaires" et a constaté une augmentation de 30 % des réservations en milieu de semaine par des professionnels.

En appliquant ces stratégies, vous augmenterez non seulement votre taux d'occupation, mais vous rendrez également votre logement plus attrayant pour un large éventail de voyageurs. Chaque ajustement, qu'il s'agisse de paramètres de réservation ou de la mise à jour de votre calendrier, joue un rôle clé dans l'amélioration de vos performances sur Airbnb. Ces efforts combinés vous permettront de maximiser vos revenus et d'assurer une présence constante sur la plateforme.

Maximisez l'attrait de votre annonce

L'attrait de votre annonce sur Airbnb est l'un des facteurs déterminants qui influencent le taux de clics et de réservations. Une annonce bien présentée attire non seulement l'attention des voyageurs, mais elle incite également à l'action, c'est-à-dire à la réservation. Ce chapitre se concentre sur des stratégies concrètes pour rendre votre annonce irrésistible, en optimisant le titre et la description, en mettant en avant des équipements recherchés, en utilisant des photos de haute qualité, en complétant votre profil d'hôte, et en obtenant le statut de Superhost.

11. Optimisez votre titre et votre description

Le titre et la description de votre annonce sont les premiers éléments que les voyageurs voient. Ils doivent donc être accrocheurs, informatifs, et refléter fidèlement ce que vous offrez. Le titre doit résumer en quelques mots les principaux atouts de votre logement. Pensez à y inclure des éléments clés tels que l'emplacement, le type de logement, et un avantage spécifique.

La description, quant à elle, doit donner plus de détails sur l'expérience que les voyageurs peuvent attendre. Mettez en avant les aspects uniques de votre logement : une vue exceptionnelle, un quartier dynamique, ou une décoration intérieure soignée. Évitez les phrases génériques et soyez précis dans vos descriptions. Si votre logement est idéal pour les familles, précisez-le. S'il est parfait pour un week-end romantique, mentionnez-le également.

Exemple : Un hôte à Paris a amélioré son titre de "Charmant appartement à Paris" à "Appartement lumineux avec vue sur la

Tour Eiffel, proche des Champs-Élysées". Ce changement a instantanément attiré plus de clics, car il met en avant deux atouts majeurs : la vue et la localisation.

12. Mettez en avant des équipements recherchés

Les équipements que vous proposez jouent un rôle crucial dans la décision de réservation. Assurez-vous de lister tous les équipements disponibles dans votre logement, même ceux qui peuvent sembler évidents, comme le Wi-Fi, la climatisation, ou une machine à laver. Certains voyageurs filtrent les annonces en fonction des équipements, donc ne pas mentionner un équipement pourrait vous faire perdre une réservation.

Pensez également à ajouter des équipements spécifiques qui pourraient attirer des niches de voyageurs, comme des jouets pour enfants, un équipement de sport, ou une cuisine bien équipée pour les gourmets. Les équipements « bonus » tels qu'une baignoire à remous, une cheminée, ou une terrasse privée, peuvent vraiment faire la différence.

Exemple : Un hôte en Bourgogne a ajouté une section "Idéal pour les familles" à sa description, en soulignant la présence d'une piscine sécurisée, de jeux pour enfants, et d'une cuisine entièrement équipée. Cela a non seulement amélioré son taux de réservation, mais a aussi attiré plus de familles à la recherche d'un logement adapté à leurs besoins.

13. Utilisez des photos de haute qualité

Les photos sont souvent ce qui capte l'attention en premier. Elles doivent être de haute qualité, bien éclairées, et représenter fidèlement votre logement. Une série de photos bien réalisées permet aux voyageurs de se projeter dans l'espace que vous offrez.

Investir dans un photographe professionnel peut sembler coûteux, mais cela en vaut la peine, car des photos professionnelles peuvent augmenter significativement vos réservations. Assurez-vous de capturer tous les aspects importants de votre logement : les pièces principales, les équipements spéciaux, et même l'environnement extérieur. Les photos doivent également être bien ordonnées, en suivant la logique de visite d'un voyageur, du salon à la cuisine, puis aux chambres et salles de bain.

Exemple : Un hôte à Strasbourg a fait appel à un photographe professionnel pour refaire ses photos. Le résultat : une augmentation de 40 % des réservations dans les trois mois suivant la mise à jour des photos. Les voyageurs ont particulièrement apprécié les clichés de la terrasse ensoleillée et du salon moderne.

14. Complétez intégralement votre profil d'hôte

Un profil d'hôte complet et accueillant inspire confiance et rend votre annonce plus attractive. Airbnb permet aux voyageurs de connaître un peu plus sur l'hôte avant de réserver, ce qui est particulièrement important pour ceux qui voyagent pour la première fois ou qui sont inquiets de l'aspect humain de la plateforme.

Remplissez toutes les sections de votre profil, y compris une photo de vous (ou de votre équipe), une biographie, et des informations sur vos intérêts ou ce que vous aimez dans l'accueil des voyageurs. Cela humanise l'expérience et peut créer un lien dès le départ.

Exemple : Un hôte à La Rochelle a pris le temps de compléter son profil, ajoutant une biographie où il partage sa passion pour la cuisine catalane et son plaisir d'accueillir des voyageurs du monde entier. Cette personnalisation a non seulement augmenté les réservations, mais a également conduit à des commentaires plus positifs, les voyageurs se sentant plus connectés à l'hôte dès le début.

15. Obtenez et maintenez le statut de Superhost

Le statut de Superhost est l'un des moyens les plus efficaces pour maximiser l'attrait de votre annonce. Ce badge est décerné aux hôtes qui maintiennent un niveau d'excellence constant sur Airbnb, en termes de réactivité, de qualité de service, et de satisfaction des voyageurs. Les annonces de Superhosts sont souvent mises en avant par Airbnb, ce qui peut conduire à une augmentation significative des réservations.

Pour obtenir ce statut, vous devez répondre rapidement aux messages, éviter les annulations de réservations, et maintenir une note moyenne élevée (au moins 4,8 sur 5). Une fois que vous obtenez le statut de Superhost, continuez à offrir une expérience exceptionnelle pour le conserver. N'oubliez pas que les voyageurs sont souvent prêts à payer plus pour séjourner chez un Superhost, sachant qu'ils peuvent s'attendre à un service de haute qualité.

Exemple : Une hôte à Chamonix, après avoir obtenu le statut de Superhost, a vu une augmentation de 50 % de ses réservations et a reçu de nombreux commentaires de voyageurs mentionnant qu'ils avaient choisi son logement spécifiquement pour son badge de Superhost.

En suivant ces stratégies, vous augmenterez considérablement l'attrait de votre annonce sur Airbnb. Un titre optimisé, des descriptions précises, des équipements mis en avant, des photos de haute qualité, un profil d'hôte complet, et l'obtention du statut de Superhost vous permettront non seulement d'attirer plus de voyageurs, mais aussi de maximiser vos revenus. Ces efforts combinés renforcent la compétitivité de votre annonce et garantissent une expérience inoubliable pour vos invités.

Améliorez l'expérience des voyageurs

Améliorer l'expérience des voyageurs est l'un des moyens les plus efficaces pour fidéliser vos clients, obtenir des avis positifs, et se démarquer sur Airbnb. En offrant une expérience exceptionnelle, vous transformez un simple séjour en une expérience mémorable. Ce chapitre explore des stratégies concrètes pour y parvenir, en vous concentrant sur la création d'un guide du logement détaillé, des recommandations locales personnalisées, une propreté irréprochable, une communication efficace, et des petites attentions qui dépassent les attentes.

16. Créez un guide du logement détaillé

Un guide du logement bien conçu est essentiel pour assurer un séjour sans accroc pour vos voyageurs. Il doit contenir toutes les informations nécessaires pour que vos invités se sentent à l'aise dès leur arrivée. Incluez des instructions claires sur l'utilisation des équipements, les règles de la maison, et les procédures d'arrivée et de départ. Un guide détaillé peut aussi prévenir des questions répétitives et des malentendus, libérant ainsi du temps pour vous concentrer sur d'autres aspects de l'accueil.

Exemple : Un hôte sur l'île de Ré a créé un guide numérique détaillé accessible via un QR code, incluant des vidéos explicatives sur l'utilisation des appareils ménagers et des conseils pour optimiser l'espace dans l'appartement. Les voyageurs ont salué cette initiative, notant que le guide leur a permis de profiter pleinement du logement sans avoir à poser de questions.

17. Offrez des recommandations locales personnalisées

Pour beaucoup de voyageurs, découvrir les alentours fait partie intégrante de leur séjour. En fournissant des recommandations locales personnalisées, vous les aidez à vivre une expérience authentique. Plutôt que de simplement lister les attractions touristiques standards, partagez vos coups de cœur : le petit café du coin avec la meilleure pâtisserie, le marché local le plus vivant, ou une balade moins connue avec une vue imprenable.

Ces recommandations personnalisées montrent que vous vous souciez réellement de l'expérience de vos invités, et elles peuvent transformer un bon séjour en un séjour exceptionnel.

Exemple : Une hôte à Tokyo a inclus dans son guide une carte personnalisée des environs avec ses restaurants préférés et des boutiques artisanales locales. Elle a également fourni des itinéraires pour des promenades pittoresques. Ces touches personnelles ont reçu des éloges dans de nombreux commentaires, certains voyageurs mentionnant qu'ils se sentaient "comme des locaux" grâce à ses suggestions.

18. Assurez une propreté irréprochable

La propreté est un critère non négociable pour les voyageurs, et elle peut grandement influencer leurs avis et leur satisfaction générale. Il est impératif de s'assurer que chaque coin du logement soit impeccable avant l'arrivée de chaque invité. Cela inclut non seulement les espaces visibles comme la salle de bain et la cuisine, mais aussi les détails parfois négligés comme la propreté des interrupteurs, des poignées de porte, et des rideaux.

Considérez également l'odeur du logement : un espace propre doit aussi sentir bon. Utilisez des produits de nettoyage qui laissent un parfum agréable et subtil, sans être envahissant.

Exemple : Un hôte à Barcelone a investi dans des services de nettoyage professionnels pour garantir un logement toujours impeccable. Cela a non seulement réduit les plaintes, mais a également conduit à des commentaires qui mentionnent spécifiquement la propreté "exemplaire" du lieu, ce qui a attiré encore plus de réservations.

19. Communiquez efficacement avant, pendant et après le séjour

Une communication fluide et proactive renforce la confiance des voyageurs et améliore leur expérience globale. Avant leur arrivée, envoyez-leur un message de bienvenue avec des informations clés sur le logement, les modalités d'arrivée, et les contacts en cas d'urgence. Pendant leur séjour, restez disponible pour répondre rapidement à leurs questions ou préoccupations. Enfin, après leur départ, un petit message de remerciement et une invitation à laisser un avis montrent que vous valorisez leur retour d'expérience.

L'efficacité de votre communication peut aussi se mesurer à la manière dont vous gérez les problèmes lorsqu'ils surviennent. Une réponse rapide et une solution immédiate peuvent transformer une situation potentiellement négative en une opportunité pour montrer votre engagement envers la satisfaction de vos clients.

Exemple : Un hôte dans les Ballons des Vosges a introduit un système de messagerie automatisé pour rappeler les informations importantes à ses invités, comme les codes d'accès ou les heures de départ. Les invités ont exprimé leur gratitude pour cette communication proactive, mentionnant qu'elle leur avait permis de se sentir en sécurité et bien encadrés tout au long de leur séjour.

20. Allez au-delà des attentes avec de petites attentions

Les petites attentions ont un impact disproportionné sur l'expérience des voyageurs. Elles ne nécessitent souvent qu'un effort minimal mais peuvent faire toute la différence. Pensez à fournir un petit panier de bienvenue avec des produits locaux, des boissons fraîches dans le réfrigérateur, ou des articles de toilette haut de gamme. Vous pouvez également ajouter des touches personnelles, comme un message de bienvenue manuscrit ou des fleurs fraîches.

Ces attentions montrent que vous allez au-delà de l'accueil standard pour faire en sorte que vos invités se sentent spéciaux et bienvenus. Elles peuvent également influencer directement les avis positifs que vous recevrez, car les invités sont souvent impressionnés par ces petites marques de considération.

Exemple : Un hôte en Provence offre à ses invités une bouteille de vin local et des herbes de Provence comme cadeaux de bienvenue. Ces attentions ont été mentionnées à maintes reprises dans les commentaires, contribuant à une expérience mémorable et souvent la cause principale pour laquelle les voyageurs recommandent vivement ce logement à leurs amis et à leur famille.

En améliorant l'expérience des voyageurs à travers ces stratégies, vous ne faites pas que répondre à leurs attentes, vous les dépassez. Un guide du logement détaillé, des recommandations locales personnalisées, une propreté irréprochable, une communication efficace, et des petites attentions judicieuses sont autant de façons de transformer un séjour agréable en une expérience inoubliable. En appliquant ces conseils, vous vous assurez non seulement d'obtenir des avis élogieux, mais aussi de fidéliser une clientèle qui reviendra séjourner chez vous encore et encore.

Gérez efficacement vos revenus

Gérer efficacement vos revenus sur Airbnb est crucial pour maximiser votre chiffre d'affaires et garantir la rentabilité de votre activité. Ce chapitre aborde des stratégies concrètes pour optimiser vos frais de ménage, proposer des services supplémentaires, utiliser judicieusement les règles d'annulation, comprendre et optimiser les frais Airbnb, et suivre de près vos performances financières. En appliquant ces conseils, vous pourrez mieux contrôler vos coûts, augmenter vos revenus, et assurer la pérennité de votre activité.

21. Optimisez vos frais de ménage

Les frais de ménage peuvent constituer une part significative de vos coûts, mais ils sont aussi une source de revenu potentielle si gérés efficacement. Il est important de fixer des frais de ménage qui reflètent la réalité de vos coûts tout en restant compétitifs par rapport à d'autres logements similaires. Analysez les prix de la concurrence dans votre région pour déterminer un tarif attractif qui couvre les frais de nettoyage sans dissuader les réservations.

Pour optimiser ces frais, vous pouvez envisager plusieurs stratégies. Si vous engagez un service de nettoyage professionnel, négociez des tarifs avantageux en fonction du volume de travail régulier. Si vous gérez le ménage vous-même, calculez précisément le coût de votre temps et des produits utilisés pour définir un tarif qui soit à la fois rentable et juste pour les voyageurs.

Exemple : Un hôte à Rennes a réussi à réduire ses frais de ménage en établissant un partenariat avec une entreprise de nettoyage locale, garantissant un tarif préférentiel en échange d'un flux constant de travail. Cela lui a permis de proposer des frais de ménage compétitifs tout en maintenant une haute qualité de service, ce qui a conduit à une augmentation du taux de réservation.

22. Proposez des services supplémentaires autorisés par Airbnb

Les services supplémentaires sont une excellente manière d'augmenter vos revenus tout en améliorant l'expérience des voyageurs. Airbnb permet aux hôtes de proposer des services additionnels comme des transferts depuis l'aéroport, des visites guidées, des cours de cuisine, ou encore la livraison de courses. Ces services peuvent non seulement générer des revenus supplémentaires, mais aussi différencier votre logement de la concurrence.

Lorsque vous proposez ces services, assurez-vous qu'ils sont pertinents pour votre clientèle cible. Par exemple, si vous accueillez principalement des familles, un service de baby-sitting ou la location de matériel pour enfants peut être très apprécié. Pour les voyageurs d'affaires, un service de blanchisserie ou de petit-déjeuner à emporter pourrait être un atout.

Exemple : Un hôte à Saint-Malo propose un service de livraison de courses personnalisé pour ses invités. Avant leur arrivée, il leur demande leurs préférences et fait en sorte que le réfrigérateur soit rempli de leurs produits préférés. Ce service supplémentaire, facturé à un tarif raisonnable, a non seulement augmenté ses revenus, mais a aussi généré des avis très positifs, les invités appréciant ce confort supplémentaire.

23. Utilisez judicieusement les règles d'annulation

Les règles d'annulation jouent un rôle clé dans la gestion de vos revenus. Des politiques strictes peuvent protéger vos revenus en cas d'annulations de dernière minute, tandis que des politiques plus flexibles peuvent attirer un plus grand nombre de réservations. Il est essentiel de choisir la politique d'annulation qui correspond le mieux à votre stratégie de gestion des risques.

Une bonne pratique consiste à analyser les périodes de l'année où les annulations sont plus fréquentes et à ajuster vos règles en conséquence. Par exemple, pendant les périodes de forte demande, vous pouvez opter pour une politique plus stricte, sachant que vous avez de fortes chances de relouer rapidement le logement en cas d'annulation. En revanche, en basse saison, une politique plus flexible pourrait encourager les réservations et réduire le risque de vacance.

Exemple : Un hôte à Biarritz a adopté une politique d'annulation flexible en hiver, une période où les réservations sont moins fréquentes, mais a opté pour une politique stricte pendant les fêtes de fin d'année. Cette stratégie lui a permis de maximiser les réservations en basse saison tout en protégeant ses revenus durant les périodes les plus lucratives.

24. Comprenez et optimisez les frais Airbnb

Airbnb prélève une commission sur chaque réservation, ce qui peut impacter vos revenus nets. Il est crucial de bien comprendre ces frais pour pouvoir les intégrer dans votre stratégie de tarification. La commission standard pour les hôtes est généralement de 3 %, mais cela peut varier en fonction du type de logement et de la politique d'annulation choisie.

Pour optimiser vos revenus, il est essentiel de prendre en compte ces frais lors de la fixation de vos prix. Une astuce consiste à ajuster légèrement vos tarifs pour compenser les frais sans pour autant affecter votre compétitivité. De plus, en tenant compte des coûts supplémentaires (comme les frais de ménage ou les taxes locales), vous pouvez éviter de diminuer vos marges de profit.

Exemple : Un hôte dans les Cévennes a recalculé ses tarifs en tenant compte des frais Airbnb et des taxes locales, ce qui lui a permis de maintenir une marge bénéficiaire saine tout en restant compétitif sur le marché. En intégrant systématiquement ces frais dans sa stratégie tarifaire, il a évité les mauvaises surprises en fin de mois.

25. Suivez de près vos performances financières

Gérer efficacement vos revenus implique de suivre régulièrement vos performances financières. Utilisez les outils de suivi proposés par Airbnb pour analyser vos revenus, vos dépenses, et vos marges bénéficiaires. Identifiez les périodes les plus rentables, les coûts récurrents, et les opportunités d'optimisation.

Un suivi rigoureux vous permettra de repérer rapidement les inefficacités ou les déviations par rapport à vos objectifs financiers. Vous pouvez également comparer vos performances avec celles de logements similaires pour identifier les domaines où vous pourriez vous améliorer.

Exemple : Un hôte en Champagne utilise des tableaux de bord Excel pour suivre ses revenus mensuels, ses dépenses, et son taux d'occupation. En comparant ces données à celles de l'année précédente, il a identifié une baisse de revenu en basse saison et a ajusté ses tarifs et services pour compenser cette tendance. Cette approche proactive lui a permis de maintenir des revenus stables tout au long de l'année.

En appliquant ces stratégies, vous pouvez non seulement maximiser vos revenus sur Airbnb, mais aussi améliorer la gestion financière de votre activité. Optimiser vos frais de ménage, proposer des services supplémentaires pertinents, utiliser judicieusement les règles d'annulation, comprendre et intégrer les frais Airbnb dans votre tarification, et suivre rigoureusement vos performances financières sont autant de leviers qui vous permettront de booster vos revenus et d'assurer la pérennité de votre activité sur le long terme.

Maximisez votre visibilité sur la plateforme

Dans un marché concurrentiel, maximiser la visibilité de votre annonce sur Airbnb est essentiel pour attirer plus de voyageurs et, par conséquent, augmenter vos revenus. Ce chapitre propose des stratégies concrètes pour optimiser votre annonce afin qu'elle apparaisse dans les filtres de recherche populaires, viser une note globale élevée, encourager les avis positifs, répondre professionnellement à tous les avis, et, si éligible, participer au programme Airbnb Plus.

26. Optimisez pour les filtres de recherche populaires

Les filtres de recherche sont souvent utilisés par les voyageurs pour affiner leurs choix. Pour maximiser la visibilité de votre annonce, il est crucial de s'assurer qu'elle répond aux critères les plus recherchés. Identifiez les filtres les plus utilisés dans votre région, comme "Wi-Fi", "Cuisine équipée", "Animaux acceptés", ou "Piscine", et assurez-vous que votre annonce correspond à ces critères.

Par exemple, si vous savez que beaucoup de voyageurs recherchent des logements acceptant les animaux, et que vous êtes en mesure de les accueillir, mettez à jour votre annonce en conséquence. N'oubliez pas de mentionner les équipements spécifiques liés à ces filtres dans la description de votre logement.

Exemple : Un hôte à Cannes a remarqué que le filtre "Vue sur mer" était particulièrement prisé par les voyageurs. En mettant en avant cette caractéristique dans son annonce, son taux de clics a augmenté de 20 %, ce qui a conduit à plus de réservations.

27. Visez une note globale élevée

Une note globale élevée est un gage de confiance pour les voyageurs et un facteur clé pour améliorer la visibilité de votre annonce sur Airbnb. Les algorithmes de la plateforme favorisent les annonces avec des notes élevées, car elles sont perçues comme offrant une meilleure expérience client. Pour maintenir une note élevée, il est essentiel de fournir une expérience de séjour irréprochable, de la propreté du logement à la qualité de la communication.

Pour ce faire, assurez-vous que votre logement est toujours conforme aux attentes des voyageurs, et allez au-delà pour offrir un service exceptionnel. Par exemple, un logement impeccable à l'arrivée, un accueil chaleureux, et des petites attentions comme des produits de toilette ou un panier de bienvenue peuvent faire une grande différence.

Témoignage : "J'ai toujours mis un point d'honneur à maintenir mon logement impeccable et à répondre rapidement aux messages de mes invités. Grâce à cela, j'ai une note moyenne de 4,9 étoiles, et je vois clairement la différence en termes de réservations. Les voyageurs me disent souvent qu'ils ont choisi mon logement en raison des avis positifs." — Myriam, hôte en Camargue.

28. Encouragez les avis positifs

Les avis positifs ne sont pas seulement un indicateur de satisfaction client, ils jouent également un rôle crucial dans le classement de votre annonce sur Airbnb. Après chaque séjour, prenez le temps de demander poliment aux voyageurs de laisser un avis. Une façon simple et efficace de le faire est d'envoyer un message de remerciement peu de temps après leur départ, en leur rappelant à quel point leur avis est précieux pour vous.

N'oubliez pas que les petites attentions peuvent inciter les voyageurs à laisser un commentaire positif. Par exemple, en offrant une bouteille de vin local ou en laissant un mot de bienvenue personnalisé, vous montrez que vous vous souciez de leur confort, ce qui peut les encourager à partager leur expérience en ligne.

Exemple : Un hôte dans les gorges du Verdon a constaté que depuis qu'il offre un guide local personnalisé et un petit cadeau à ses invités, le nombre d'avis positifs a augmenté de manière significative. Les voyageurs mentionnent souvent ces attentions dans leurs avis, ce qui contribue à renforcer la crédibilité de son annonce.

29. Répondez professionnellement à tous les avis

Répondre aux avis, qu'ils soient positifs ou négatifs, est une pratique qui montre que vous êtes un hôte attentif et soucieux de l'expérience de vos voyageurs. Les réponses aux avis, visibles par tous, influencent également la perception des futurs voyageurs et peuvent améliorer votre classement sur la plateforme.

Pour les avis positifs, remerciez les voyageurs chaleureusement et personnalisez votre réponse pour montrer que vous avez vraiment apprécié leur séjour. Pour les avis négatifs, gardez un ton professionnel et constructif. Reconnaissez les problèmes soulevés, expliquez ce que vous avez fait ou allez faire pour les résoudre, et invitez les voyageurs mécontents à vous contacter en privé pour trouver une solution.

Exemple : Un hôte à Namur a reçu un avis négatif concernant un problème de bruit dans le quartier. Plutôt que de l'ignorer, il a répondu en expliquant qu'il avait installé des fenêtres à double vitrage depuis cet incident. Cette réponse a rassuré d'autres voyageurs potentiels, et son annonce n'a pas souffert de cet avis négatif.

30. Participez au programme Airbnb Plus (si éligible)

Airbnb Plus est un programme réservé aux hôtes offrant des logements d'une qualité exceptionnelle, vérifiés en personne par un expert Airbnb. Être sélectionné pour Airbnb Plus est un signe de reconnaissance qui peut considérablement augmenter la visibilité de votre annonce, car ces logements sont mis en avant sur la plateforme et bénéficient d'un label de qualité.

Pour être éligible, votre logement doit répondre à des critères stricts en matière de design, de confort, et de cohérence. Si vous pensez que votre logement pourrait correspondre aux exigences d'Airbnb Plus, il peut être intéressant de faire les investissements nécessaires pour rejoindre ce programme. Une fois accepté, vous profiterez d'une visibilité accrue et pourrez justifier des tarifs plus élevés.

Exemple : Un hôte à Blois a investi dans des améliorations esthétiques et fonctionnelles pour son appartement, comme l'achat de mobilier design et la refonte de la salle de bains. Après son entrée dans le programme Airbnb Plus, il a observé une augmentation de 30 % de son taux de réservation, ainsi qu'une hausse significative de ses revenus.

En mettant en œuvre ces stratégies, vous pouvez non seulement maximiser la visibilité de votre annonce sur Airbnb, mais aussi attirer davantage de voyageurs de qualité. Optimiser pour les filtres de recherche populaires, viser une note globale élevée, encourager les avis positifs, répondre professionnellement aux avis, et participer au programme Airbnb Plus sont autant de leviers qui vous permettront de vous démarquer de la concurrence et d'augmenter vos réservations.

Optimisez vos opérations

Pour maximiser vos revenus sur Airbnb, il est essentiel de gérer efficacement vos opérations quotidiennes. Cela inclut l'utilisation des outils de la plateforme, la mise en place de processus automatisés, la gestion du nettoyage, la maintenance régulière de votre logement, et l'adoption d'outils de gestion compatibles avec Airbnb. En optimisant ces aspects, vous pouvez non seulement améliorer l'expérience de vos voyageurs, mais aussi gagner du temps et éviter des complications.

31. Utilisez le calendrier et les outils de messagerie Airbnb

Le calendrier Airbnb est un outil puissant pour gérer vos réservations et optimiser l'occupation de votre logement. En le mettant à jour régulièrement, vous évitez les doubles réservations et assurez une visibilité maximale de vos dates disponibles. Un calendrier à jour permet également de signaler aux voyageurs potentiels que vous êtes un hôte sérieux et réactif, ce qui peut augmenter les chances de réservation.

Par ailleurs, les outils de messagerie intégrés à Airbnb facilitent la communication avec vos invités. Utilisez-les pour envoyer des messages automatiques dès qu'une réservation est confirmée ou lorsque des questions sont posées. Par exemple, vous pouvez configurer des messages de confirmation, des rappels avant l'arrivée, ou encore des messages de remerciement après le séjour. Ces automatisations permettent de maintenir un contact constant et professionnel sans y consacrer trop de temps.

Exemple : Un hôte à Marseille utilise la fonction de messagerie pour envoyer automatiquement un guide numérique du logement dès qu'une réservation est confirmée. Cela a non seulement réduit les questions récurrentes, mais a également amélioré son taux de réponse, le plaçant parmi les meilleurs hôtes de sa région.

32. Créez des messages d'accueil et de départ automatisés

L'automatisation des messages d'accueil et de départ est un moyen efficace d'améliorer l'expérience des voyageurs tout en réduisant votre charge de travail. Un message d'accueil peut inclure toutes les informations nécessaires à l'arrivée, comme les instructions pour récupérer les clés, le code Wi-Fi, et les règles de la maison. De même, un message de départ peut rappeler les procédures à suivre avant de quitter les lieux, comme la gestion des déchets ou le rangement des espaces.

En automatisant ces messages, vous assurez une communication claire et cohérente avec chaque invité, ce qui peut contribuer à des avis positifs et à un meilleur classement de votre annonce sur Airbnb.

Témoignage : "J'ai créé des messages d'accueil et de départ automatiques pour mes invités à Londres. Cela m'a permis de me concentrer sur d'autres aspects de la gestion, tout en garantissant que chaque voyageur reçoit les informations nécessaires au bon déroulement de son séjour." — Paul, hôte à Londres.

33. Mettez en place un système de nettoyage efficace

Le nettoyage est l'un des aspects les plus critiques de la gestion d'un logement Airbnb. Un logement propre et bien entretenu est essentiel pour satisfaire les attentes des voyageurs et obtenir des avis positifs. Pour cela, il est crucial de mettre en place un système de nettoyage efficace et régulier.

Si vous gérez plusieurs propriétés ou avez un emploi du temps chargé, envisagez de faire appel à une équipe de nettoyage professionnelle. Une autre option est d'établir une check-list de nettoyage pour chaque rotation de réservation. Cette check-list doit inclure toutes les tâches nécessaires, du lavage des draps à la désinfection des surfaces fréquemment touchées, afin de garantir que rien n'est laissé au hasard.

Exemple : Un hôte à Lille a mis en place un partenariat avec une entreprise de nettoyage local pour assurer la propreté de son appartement. Grâce à cette collaboration, il a pu maintenir un standard élevé de propreté tout en se libérant du temps pour gérer d'autres aspects de son activité.

34. Effectuez une maintenance préventive régulière

La maintenance préventive est indispensable pour éviter les pannes inattendues et maintenir la qualité de votre logement. En anticipant les besoins de réparation ou de remplacement, vous pouvez prolonger la durée de vie de vos équipements et éviter des interventions coûteuses en cas d'urgence.

Mettez en place un calendrier de maintenance préventive pour vérifier régulièrement les appareils électroménagers, la plomberie, le chauffage, la climatisation, et tout autre équipement essentiel. Cela inclut également l'inspection des systèmes de sécurité, comme les détecteurs de fumée et les extincteurs.

Témoignage : "Je m'assure que tous les appareils de mon logement à Arcachon sont vérifiés tous les trois mois. Depuis que j'ai adopté cette approche préventive, je n'ai plus eu de problèmes imprévus pendant les séjours des voyageurs, ce qui a considérablement amélioré leur satisfaction." — Sophie, hôte.

35. Utilisez des outils de gestion compatibles avec Airbnb

Il existe de nombreux outils de gestion spécialement conçus pour les hôtes Airbnb qui permettent de simplifier et d'automatiser diverses tâches. Ces outils peuvent inclure des logiciels de gestion de réservations, des plateformes de synchronisation de calendriers pour les hôtes multi-plateformes, ou des solutions de gestion des tâches de nettoyage et de maintenance.

Par exemple, des outils comme Smartbnb ou Host Tools permettent de gérer la communication avec les invités, la planification du nettoyage, et le suivi des performances, tout en étant compatibles avec Airbnb. L'utilisation de ces technologies peut vous aider à gagner du temps, à minimiser les erreurs humaines, et à offrir une expérience client plus cohérente et professionnelle.

Exemple : Un hôte à Berlin utilise un logiciel de gestion pour synchroniser les calendriers de ses différentes propriétés répertoriées sur Airbnb, Booking.com, et Vrbo. Cela lui permet d'éviter les doubles réservations et de maintenir une gestion fluide de ses opérations, augmentant ainsi son taux d'occupation global.

En optimisant vos opérations à l'aide des outils disponibles et en adoptant des pratiques efficaces, vous pouvez non seulement simplifier la gestion quotidienne de votre logement, mais aussi améliorer l'expérience de vos voyageurs. Ces efforts se traduiront par une meilleure réputation en ligne, des avis positifs, et, à terme, une augmentation significative de vos revenus sur Airbnb.

Analysez et améliorez vos performances

Pour maximiser vos revenus sur Airbnb, il est essentiel d'adopter une approche proactive en analysant et en améliorant constamment vos performances. En tirant parti des statistiques fournies par la plateforme, en comparant vos résultats à ceux de logements similaires, en suivant les tendances saisonnières, et en sollicitant les retours des voyageurs, vous pouvez affiner votre stratégie pour rester compétitif et attirer davantage de réservations.

36. Utilisez les statistiques fournies par Airbnb

Airbnb met à disposition de nombreux outils analytiques pour vous aider à comprendre les performances de votre annonce. Accédez à la section "Performances" de votre tableau de bord pour visualiser des données clés telles que le taux d'occupation, les revenus générés, le nombre de vues, et la répartition des réservations au fil du temps. Ces informations vous permettent d'identifier les périodes où votre logement performe bien et celles où il nécessite des ajustements.

Par exemple, si vous remarquez une baisse des vues ou des réservations à certaines périodes, vous pouvez envisager de modifier votre tarification, d'améliorer votre annonce, ou de créer des offres spéciales pour attirer plus de voyageurs.

Exemple : Un hôte à Sète a remarqué une baisse de ses réservations pendant les mois d'hiver. En analysant les statistiques, il a constaté que ses tarifs étaient trop élevés par rapport à la concurrence. En ajustant ses prix pour cette période, il a réussi à augmenter son taux d'occupation de 20 %.

37. Comparez vos performances à celles de logements similaires

Comparer vos performances à celles de logements similaires dans votre région est une stratégie clé pour rester compétitif. Airbnb vous permet de voir comment votre annonce se compare en termes de prix, taux d'occupation, et notes globales. Ces comparaisons vous offrent un point de référence pour ajuster vos propres pratiques.

Par exemple, si vous constatez que des logements similaires obtiennent de meilleures notes ou attirent plus de réservations, il peut être utile d'examiner leurs offres, descriptions, et tarifs pour comprendre ce qui fonctionne bien pour eux. Vous pouvez ensuite appliquer ces enseignements à votre propre annonce.

Témoignage : "En comparant mes performances à celles des autres appartements dans mon quartier à Lisbonne, j'ai réalisé que je devais améliorer la qualité de mes photos et offrir des équipements supplémentaires pour attirer plus de voyageurs." — Miguel, hôte à Lisbonne.

38. Analysez les tendances saisonnières de votre marché

Comprendre les tendances saisonnières de votre marché est crucial pour optimiser vos prix et votre stratégie de réservation. Certaines périodes de l'année, comme les vacances scolaires, les festivals, ou les événements locaux, peuvent entraîner une hausse de la demande, tandis que d'autres périodes peuvent être plus calmes.

Utilisez les données historiques d'Airbnb et les tendances de votre région pour anticiper ces fluctuations. Ajustez vos tarifs et vos offres en conséquence pour maximiser vos revenus durant les périodes de forte demande et pour maintenir un bon taux d'occupation lors des périodes creuses.

Exemple : À Dunkerque, un hôte a identifié une augmentation de la demande pendant le Carnaval. En augmentant légèrement ses prix et en offrant des réductions pour les séjours prolongés durant cette période, il a pu maximiser ses revenus tout en maintenant un taux d'occupation élevé.

39. Sollicitez et utilisez les retours des voyageurs

Les retours des voyageurs sont une mine d'or pour améliorer votre logement et votre service. Sollicitez activement des commentaires après chaque séjour et prenez le temps de les analyser. Les retours positifs peuvent renforcer votre stratégie actuelle, tandis que les critiques constructives vous offrent des pistes d'amélioration.

Par exemple, si plusieurs voyageurs mentionnent des problèmes récurrents, comme une connexion Wi-Fi instable ou un manque d'équipements de base, il est important de résoudre ces problèmes rapidement. En montrant que vous tenez compte des retours, vous améliorez la satisfaction des voyageurs et, par conséquent, vos notes et vos réservations.

Témoignage : "Après avoir reçu des commentaires sur le manque de confort de mon canapé-lit, j'ai décidé de le remplacer par un modèle plus confortable. Les voyageurs suivants ont apprécié cette amélioration, ce qui a contribué à augmenter mes notes globales." — Claire, hôte à Saint-Etienne.

40. Adaptez continuellement votre stratégie

Le marché de la location courte durée est dynamique et en constante évolution. Pour rester compétitif, il est essentiel d'adapter continuellement votre stratégie en fonction des retours des voyageurs, des données analytiques, et des tendances du marché.

Cela peut inclure la mise à jour de votre annonce, l'ajustement de vos tarifs, l'amélioration des équipements, ou même la modification de la durée minimale de séjour en fonction des demandes des voyageurs. Soyez prêt à tester de nouvelles approches et à innover pour attirer plus de réservations et maximiser vos revenus.

Exemple : Un hôte à Bruges a commencé à offrir des expériences locales en plus de la location de son appartement, telles que des visites guidées ou des ateliers de cuisine.

Cette stratégie a non seulement augmenté ses revenus, mais aussi attiré une clientèle plus diversifiée et intéressée par une expérience complète.

En analysant régulièrement vos performances et en adaptant votre stratégie, vous pouvez continuellement améliorer votre offre et rester compétitif sur Airbnb. Cette approche proactive vous permettra non seulement de maximiser vos revenus, mais aussi d'offrir une expérience exceptionnelle à vos voyageurs, renforçant ainsi votre réputation et vos chances de succès à long terme.

Restez à jour et innovez

Dans le marché dynamique des locations courte durée, il est essentiel de rester à jour et de continuellement innover pour se démarquer. En suivant les mises à jour d'Airbnb, en s'adaptant aux nouvelles tendances de voyage, en renforçant les pratiques de nettoyage, en créant des expériences uniques, et en explorant les options pour les séjours de longue durée, vous pouvez non seulement répondre aux attentes des voyageurs, mais aussi anticiper leurs besoins futurs.

41. Suivez les mises à jour et nouvelles fonctionnalités d'Airbnb

Airbnb évolue constamment, en introduisant de nouvelles fonctionnalités pour améliorer l'expérience des hôtes et des voyageurs. Il est crucial de rester informé des mises à jour pour tirer pleinement parti des outils offerts par la plateforme. Cela peut inclure de nouvelles options de tarification, des filtres de recherche, ou des programmes spéciaux comme Airbnb Plus.

Exemple : Lorsque Airbnb a lancé la fonctionnalité de "Tarification dynamique", un hôte à Dijon l'a immédiatement activée. Cette fonctionnalité ajuste automatiquement les prix en fonction de la demande locale, ce qui lui a permis d'augmenter son taux d'occupation sans avoir à surveiller constamment les fluctuations du marché.

Pour rester informé, assurez-vous de lire les newsletters d'Airbnb, de participer aux webinaires pour les hôtes, et de rejoindre des groupes de discussion en ligne où les nouvelles fonctionnalités sont souvent discutées.

42. Adaptez-vous aux nouvelles tendances de voyage

Le monde du voyage est en perpétuelle évolution, avec des tendances qui émergent et disparaissent rapidement. Les voyageurs recherchent aujourd'hui des séjours qui correspondent à leur style de vie, qu'il s'agisse de travail à distance, d'éco-tourisme, ou de voyages immersifs dans la culture locale.

Exemple : Pendant la pandémie de COVID-19, beaucoup d'hôtes ont observé une demande croissante pour des séjours prolongés dans des logements offrant un espace de travail adapté. En réponse, un hôte à Carcassonne a aménagé un bureau confortable dans son appartement et a mis en avant cette caractéristique dans son annonce, ce qui a attiré une nouvelle clientèle de travailleurs nomades.

Rester flexible et prêt à ajuster votre offre en fonction des tendances actuelles vous permet d'attirer une clientèle plus large et de maximiser vos revenus.

43. Mettez en avant vos pratiques de nettoyage renforcées

Les préoccupations liées à la propreté ont pris une importance capitale pour les voyageurs, surtout dans le contexte post-pandémique. Airbnb a introduit des protocoles de nettoyage améliorés que vous pouvez adopter pour rassurer vos hôtes.

En mettant en avant vos pratiques de nettoyage renforcées dans votre annonce, vous démontrez votre engagement envers la sécurité et le bien-être de vos invités. Mentionnez les produits de nettoyage utilisés, les surfaces désinfectées, et le temps d'aération entre deux réservations. Ce niveau de transparence peut grandement influencer la décision d'un voyageur.

Témoignage : "Depuis que j'ai commencé à suivre les protocoles de nettoyage Airbnb et à les mentionner dans ma description, j'ai reçu plusieurs commentaires positifs de voyageurs qui se sentaient rassurés par mes efforts. Cela m'a permis de maintenir un taux de réservation élevé, même en période incertaine." — Pauline, hôte à Marseille.

44. Considérez la création d'expériences Airbnb liées à votre logement

Airbnb ne se limite plus à la simple location de logements; la plateforme offre aussi des expériences que les voyageurs peuvent réserver. En tant qu'hôte, vous pouvez créer des expériences uniques en lien avec votre logement ou votre région, comme des ateliers culinaires, des visites guidées, ou des activités sportives.

Exemple : Un hôte dans le Médoc, passionné de vin, propose désormais une visite des vignobles locaux en complément de la location de son appartement. Cette offre combinée a attiré de nombreux amateurs de vin, augmentant ainsi ses revenus tout en enrichissant l'expérience des voyageurs.

Créer une expérience Airbnb non seulement diversifie vos sources de revenus, mais vous permet aussi de vous différencier en offrant quelque chose d'unique et mémorable.

45. Explorez les options pour les séjours de longue durée

Les séjours de longue durée sont devenus de plus en plus populaires, surtout parmi les voyageurs d'affaires, les étudiants, et ceux qui travaillent à distance. Airbnb a facilité la réservation de tels séjours en offrant des réductions pour les réservations mensuelles ou à long terme.

En ajustant vos tarifs pour ces séjours et en mettant en avant des équipements adaptés (comme une cuisine bien équipée, une connexion internet rapide, ou un espace de travail), vous pouvez attirer cette clientèle. Les séjours de longue durée offrent non seulement une stabilité financière, mais réduisent aussi les coûts opérationnels liés aux changements fréquents de locataires.

Exemple : Un hôte à Castelnaudary a constaté que, pendant la basse saison touristique, la demande pour des séjours de courte durée diminuait. En offrant une réduction de 20 % pour les séjours de plus de 30 jours, il a réussi à maintenir un taux d'occupation élevé tout au long de l'année, tout en attirant des voyageurs intéressés par une immersion plus longue dans la ville.

En restant à jour avec les innovations d'Airbnb et en vous adaptant aux nouvelles tendances de voyage, vous pouvez non seulement répondre aux attentes actuelles des voyageurs, mais aussi anticiper leurs besoins futurs. Cette approche proactive vous permet de maximiser vos revenus tout en offrant une expérience enrichissante et sécurisée à vos invités.

CONCLUSION

Maximiser vos revenus sur Airbnb nécessite bien plus que de simplement offrir un logement. C'est un art qui combine stratégie, innovation, et attention aux détails. Ce guide vous a présenté 45 stratégies concrètes pour optimiser chaque aspect de votre activité, depuis la tarification de votre bien jusqu'à l'amélioration continue de vos performances. En appliquant ces conseils, vous pouvez non seulement augmenter vos revenus, mais aussi offrir une expérience exceptionnelle à vos voyageurs.

Le succès sur Airbnb repose sur votre capacité à vous adapter aux évolutions du marché, à innover en permanence, et à comprendre les attentes de vos clients. Chaque hôte a sa propre méthode pour atteindre l'excellence, et il est essentiel de tester, d'ajuster, et d'apprendre en continu. Que vous soyez un hôte expérimenté ou que vous débutiez dans l'aventure Airbnb, ce guide est conçu pour vous fournir les outils nécessaires pour prospérer.

Rappelez-vous, l'hospitalité ne se limite pas à offrir un toit. C'est un engagement envers l'excellence, une quête constante de perfectionnement et de satisfaction client. En intégrant les pratiques décrites dans ce guide, vous vous placez sur la voie du succès durable. N'oubliez jamais que chaque détail compte et que chaque interaction avec vos voyageurs peut faire la différence.

Alors, mettez ces stratégies en pratique, suivez les tendances, et continuez d'innover. Votre succès sur Airbnb est entre vos mains. À vous de jouer !

www.ingramcontent.com/pod-product-compliance
Lightning Source LLC
Chambersburg PA
CBHW070355230526
45471CB00006B/2585